비황골의 아침

自序

나만의 울타리를 만들고
작은 정원에서 꽃을 가꾸며
작은 새가 날아들어도
움찔 놀라는 어리석은 나를 본다
울타리를 거둬야 하는데
낯설게 느껴지는 바람이 싫어
꼭꼭 문을 닫는다.

비황골의 아침

덕진 석혜운

파랑새미디어

차례

비황골의 아침 _ 06
비황골 스님 _ 07
출가 _ 08
좌선 _ 10
보림사 가는 길 _ 12
혼자사는 부처님 _ 13
승려 _ 14
맺지 못한 시 _ 16
땡초의 절규 _ 18
백일몽 _ 19
나 이제 돌아가리라 _ 20
그대 평안하소서 _ 21
새벽 _ 22
봄이 오는 길목에서 _ 23
민들레 씨 _ 24
봄이 오는 소리 _ 26
시 없이도 내리는 봄비 _ 28

봄동이 _ 30
어머니 _ 31
옛적 그곳에 _ 32
늦은 봄비 _ 34
햇살 _ 36
또 다른날 _ 38
그녀는 울을 줄 모른다 _ 40
그녀는 웃을 줄 모른다 _ 41
진실 _ 42
느낌 _ 43
그녀의 뒷모습 _ 44
기다림 _ 45
오늘 그대를 만나면 _ 46
각인 _ 48
회상 _ 07
사랑초서 _ 50
소중한 사람아 _ 51

비, 그리고 이별 _ 52

사랑 그리움 _ 54

지워지지 않는 여인 _ 55

내 인생의 반은 이별 _ 56

내 사랑은 _ 58

노을처럼 _ 59

세월 _ 60

박수가 끝나야 _ 61

그리움에 별빛이 묻히다 _ 63

꿈을 깨고 나서 _ 64

당신 앞에 서면 _ 66

역류 _ 67

시간이 흐를수록 _ 68

가장 아름다운 사랑 _ 70

미운세상 _ 72

무제1 _ 74

포획(捕獲)되다 _ 76

나 서있는 곳 _ 78

윷판 위에 자빠져 _ 80

다산초당 _ 82

제모습 _ 83

일상의 흐름 속에서 _ 84

비행 중 _ 86

거꾸로 보는 삶 _ 87

비황골의 아침

목탁소리, 바람소리
새소리 물소리 어우러져
도량 도는 염불송과
그렇게 비황골 아침은
어우러져 열린다.

동자승의 잠 덜 깬
기지개에 인사하는
검둥개 두식이와 어우러져
뽀얗게 앞을 가린 물안개 걷히면서
백운봉이 막아서는
개울건너 비황골의 아침은
그렇게 시작된다.

비황골 스님

맑은 물 어디론가 달아난 송사리는
명식이 밧데리에 놀라서
발자국 소리만 들어도 도망치고
아침길 나서는 스님의 걸망 속엔
근심만 하나 가득

전화세, 전기세
보일러 기름 외상값은
어떻게 해야 할지 모르면서
덕광스님은 보고 싶고,
도진이도 보고 싶고,

비황골 부처님은
서울 사는 이 보살은 이제나,
양평 사는 이 처사는 언제나
여기도 저기도
걸망 속에 가득……,

출가(出家)

살아, 썩어지는 마음
쉬이 버려지지 않아
시리게 녹음(綠陰) 푼 계곡 물에
씻고 또 씻고
정갈히 입은 옷 다시 여민다

흐르는 시간 인지(認知)되지 못한 채
고노의 주름
차곡차곡 개켜도
끝없는 맴돌이 멈추지 않는다

머리 살갗을 스치는 시퍼런 칼날
사각사각
기어코, 신음 토하고
소리 없는 되뇌임
모질어야 한다
모질어야 한다
합장한 손 끝 백팔염주
가볍지 않게 떨림을

당신은 저림으로 감지한다
가부좌 튼 방석아래
세속(世俗)의 얽힌 실타래
끝내 풀리지 않음에
싹뚝, 싹뚝,
수도 없이 가위질 한다
마지막, 당신을 품은 마음까지

어스름 저녁노을 빛
붉어진 눈자위에 진다.

좌선

1.

잡을 줄도 모르는데
어찌 놓으랴!
펄쩍 뛰면 한 발에
천리를 걷고
차 한 잔 묘한 맛에
그만 속아서
흰 눈썹 찡긋찡긋
오가는구나

2.

다투어 오고 다투어 가나
제 모습 역력히 뒤뜰에 고여
바람 불면 말소리 바춰주나니
울고 웃는 모습이 기특도 하이.

3.

알 수 없는 그놈을 쫓아가다가
졸다 깨다 한 세상 헛살았구려!
본분 소식이야 먼 데 있겠나

다만 그놈이 그놈인 것을.

4.

하늘이 하얗게 바래고 나면
내 마음은 몇 근일까?
모래알 속에 세월이 잠들면
나뭇잎에서 당신의 눈썹을 뽑을까요.

5.

온몸으로 들어가면
문이 열리려나
잘 닦인 육신 덩어리 눈 뜨고 보면
안보이던 길도 보이려나

6.

비로소
눈부신 바다 열리고
물소리 맑다.

7.

빗소리 푸르러
온 산천 고향일레

보림사 가는 길

보림사 가는 길은
뻐국새 우는 숲길이더라.
하 많고 많은 길 중에
오늘은 푸른 숲길이더라.
다산(茶山) 아래엔
차 한 잔에 도가 있더라.
어린 아이만 수부룩하더라
꿈이 푸르더라
가도 가도 없는 길이 있더라
볼 수도 잡을 수도 없는 길이 있더라.

혼자 사는 부처님

눈틀 건너 산 아래
맑은 물 송사리떼 노니는
비황골
세상 때 묻은 중생이 보기 싫어
혼자 사는 부처님
욕심쟁이 부처님

스님의 염불도
보살의 절 시주도 거절하면서
백운봉 바라보며
왜 지리도 혼자만 있을까
혼자 사는 부처님
사람 많은 세상을 복잡한가요

승려

하얀 고깔모자 눌러쓰고
회색빛 승복을 입은 여인
세상 설움 다 잊고자
미친 듯이 춤을 추고
나풀대는 옷자락은
그냐가 하늘로 올라가는 모습

무슨 한 맺힌 사연
그리도 많은지…….
그 누구도 알 수 없는
그냐만의 아픔이라네

슬픔에 오열을 토해내는
그녀 앞에 내 마음 동참되어
그녀 두 손 꼭 잡고
저승길 같이 가자했네

그런 모습 지켜보는
산천초목들은

아무 말 없이
자기들의 아름다움만을
자기들의 아름다움만을
한층 빛내려고
묵묵히 바라만 보고 있네.

맺지 못한 시

사위는 넉넉히 어둠에 젖는다
온종일 내리는 비
차분히 가라앉은 마음
창가를 질주하는 빗물만
공연희 바라본다.

온통 촉촉한 분위기
따뜻한 커피 한 잔에
시심을 불어넣고
내뿜는 담배연기 속으로
누구나 공감할 수 있는
감흥 찾아 나선다.

귀한 인생
덧없음에 취해보기도 하고
잠시 돌아앉은 부처님의 가르침
한껏 다가서며
그 심연 사이로
깨우침을 찾는다.

길을 찾다 늪에 빠진
막연한 조바심
또다시 되풀이되는
처절한 산고
채 마무리도 못했는데
이내 밝아오는 안타까운 여명

아,
맺지도 못한 시 한 편
아직 미흡한 緣(연)이 아쉬워
행여 꿈속에서나마
한 올 실마리를 찾을까
책상 위에 그대로 잠이 든다.

땡초의 절규

꽁초 수북한 재떨이
그중 가장 자신을 덜 태운
꼿꼿한 한 놈을 보물 찾듯 끄집어내어
훅 훅 불어대고 불을 부쳐본다

깜짝 놀란 꽁초는 어느새 빠알간 생명으로
장렬히 몸을 불사른다

비극의 예고인 듯 허공에 잠시 머물다
흔적 없이 사라져 버리는 연기처럼
소중했던 가슴 속 뜨거운 불꽃을
잡을 수 없는 환상의 연기로
날려 보냈다

허우적거리는 굴레의 원점에서
뿌리칠 수 없는 유혹의 칼날이
떠거운 심장의 용광로를 채찍질한다
그것마저 녹아 스며든다.

백일몽

무릇 바다처럼 밀리고 밀리는 숱한 번뇌 곁에
함초롬히 살아가는 부끄러움으로만
몸 가릴 줄 모르고서서 우는 그대에게
나는 또 한번 통곡을 쏟아 붓느니
소나기여 오라.
그대 아름다움은 나를 죽이고 살렸다간
다시 죽이고 끝없이 좌절을 계속하노니
어리석음은 원수와 원수끼리 만나
서로 가슴을 찢듯
적막강산에 주인 없는 냇물같이 흐르고
흘러서 산골짜기를 어머니 발목가지만 적시고
쉬어서 쉬어서 여기 오도 가도 못하는
어린자식이여 황토밭 고구마 넝쿨로
비정스런 거리를 얽어 중랑천 하구에 나다버릴걸
무서워서 무서워서 나는 하루해를 울며
가노라.

나 이제 돌아가리라

나 이제 돌아가리라
사랑도
미움도
그리움도
세파에 씻긴 아물지 않은 상처까지도
훌훌 털어버리고
나 이제 돌아가리라.

잔설 쌓인 겨울밤에는
솔바람소리가 잠을 깨우고
이름모를 들꽃이 고개 내밀면
새소리
바람소리
물소리까지 귓가에 머무는
그곳으로
나 이제 돌아가리라

억만 겁 세월이 흐른 뒤에도
내 영혼 숨쉬는 그곳으로
나 이제 돌아가리라.

그대 평안하소서

아궁이 속에서
잘게 부셔지며
마른가지 타들어가는
소리같이 그대
가슴에 사각거리며
검거 죽어가는
영혼이 하나있어
오늘 비로소
내 가슴에 그대
무거운 얼굴을 묻고
소리 없이 흐느끼는
등줄기를 어루만지렵니다.
그리고
평안하소서
두 눈감고
그렇게 하늘 향해 평안을 기도합니다.

새벽

바람이 불고 있었다.
우물가에 나비가
해당화 꽃잎으로 날리는 질서
배꽃이 열일곱 적 벼랑으로
쏟아져 내리고 있었다.
산문 밖에 늙은 고목 텅텅 비워내
낮게 낮게 가라앉고 있었다.
종소리만 붉게 붉게 다고 있었다.

기와등골에 솔바람이 지나가고
마당에 어지러운 벚꽃잎
마음에 붉은 빛이 던지고 있었다.

봄이 오는 길목에서

긴긴 겨울이 떠나려는
아쉬움이
눈물이 빗물 되어
대지를 적시고
어둠속에 소리 없이
방울방울 맺힌다.

작은 마당에 파릇하게
새순이 돋아나는
돌나물은
푸른 마음으로 화장을 하고
따스한 봄이 오면
존재를 자랑하려나 봐

긴긴 겨울 이야기는
산바람 바닷바람에
깨끗이 정리정돈 하고서
따뜻한 봄이 오는 길목에서
그댈
기다린다. 오늘도…….

민들레 씨

나는 5월의 거리에서 겨울을 맞주했다
하얗게 떨어져 내리는 민들레 씨들이
시야를 헤집어 놓고 지난겨울로
나를 데려다 놓았다.

눈이 쏟아지는 오후,
그녀와 맞잡은 손의 온기처럼
햇살들에 떨어지는 눈들을 녹아내리고 있었고
그녀는 하이얀 잇몸을 드러내며
함박눈을 지어 내게로 뿌려주던 때
차마 눈이 녹아버릴까
차마 한 순간이라도 놓쳐버릴까
눈을 깜박일 수 없었다.

나는 5월의 거리에서 겨울을 마주했다.
하얗게 떨어져 내리는 민들레 씨들은
더 이상 녹지 않고 눈동자에 쏟아지는 햇살처럼
흩어져 그 중 하나를 꽃피우려 한다.

가슴에 민들레 씨가 하나 떨어진다.
따가운 기억이 추억으로 피어나게…….

봄이 오는 소리

바람 한 점 없는 날
햇살조차 따사로워
내 마음 술렁이니
문득, 일상을 벗어나
얼음 깨지고
봄이 잉태되는 날에
귀 기울이고 싶다

칙칙한 겨울 외투를 벗고
화사한 봄처녀로 치장하고
나비처럼 나풀나풀
공해로 찌든 도심을 벗어나
흙내음이 물씬한 들판으로
나를 인도하고 싶다

콧노래 흥얼흥얼
허전한 내 옆구리에
소쿠리 하나 끼고서
달래랑 냉이도 만나

향긋한 봄 이야기
저문 저녁 식탁의
행복이고 싶다

들썩거리는 내 마음
피어나는 봄의 왈츠처럼
춤을 추누나

시 없이도 내리는 봄비

시도 없이 내리는 봄비
하늘 발목까지 젖어간다

밤하늘에 불어난 어둠 속으로
언뜻언뜻
얼굴 내미는 초승달
밤하늘에 홀로 출렁이고

부르튼 어둠 하늘바다에 얼굴 담가도
별빛 제 빛으로 쏟아지고

어둠에 파묻혀
하늘 끝에 고개 든 보리이삭
까끌한 옷섶 사이사이로,

물을 가둔 못자리로 내려오는
개구리 울음소리로,

때늦은 그리움 이 밤으로 애써 지우는 날

텀벙텀벙 맨 가슴 치며
늦은 봄 저물어간다.

봄동이

언덕빼기 쑥부쟁이 속살 같은
하얀 솜털 살랑살랑 오시던 날

호수가 물안개 새벽군무
화려하게 피고

하늘입술 배시시 물고선
고운 새순에

햇살 한땀 한땀 기워낸
하얀 배냇저고리 덧입힌다.

어머니

멀리 만길
어머니 모습 담아왔다
지친 손 만지며
아직도 고운 그림자로
항상 내 가슴에 있건마는
쳐진 목
굵은 멍에 일곱 주름
엄마 청춘을 다 먹어 버렸다
가장 굵은 옷주름은 아버지
제일 가느다란 밑주름은 내 동생 발자국
어머니~
나를 마음껏 밟고 오소서
하늘에서 온 세상을 빗물로 어루만지듯
조용한 밤에 이 아들도
당신 모습
꼭 껴안고 있겠습니다.
어머니

옛적 그곳에

차가운 마음이
꽤나 고움을 느끼고…….

멀리서 우는 풍경은
하루에도 수차례
바람에 부대껴
고생만 하는구나

어느 한 시골
어귀에서만
꼭 그곳에서만
피어오르는 연기는
저녁때에 더욱
뚜렷함이 어이할까

너스레치는 총각 녀석의
재치에 멍해진
정신을 차릴 틈 없이
하루는 가는데

정신없이 살다보니
정처 없이 걷게 됐고
이제 보니
여물 끓이던 냄새까지도
눈물만큼이나 그립다.

늦은 봄비

겨우내 참았던 눈물을 흘리며
하늘은 운다
무엇이 그리 서러운지
어깨를 들썩이며
요란하게도 울어댄다.
심술궂은 아이 마냥
달래는 내 맘 몰라주고
하늘은 운다. 얼굴 가리우고,
가슴에 품어도 보고
좋아하는 노래를 불러 주어도 보고
지친 내가
분해 소리치고 절교선언을 해보아도
하늘은 저 혼자서 운다
그래서 토라진 내가
뒤돌아 눈물 흘릴 때
그제야
하늘은 웃는다
미안해하며, 부끄러하며
철없는 하늘은 늘상
제멋대로 울고 웃는다

그런 하늘이 밉지 않으니
나도 참 어리다.

햇살

차가운 바람은
구름과 함께 걷히고
따뜻한 햇살 한 자락이
창가를 기웃거립니다.

하루 사이
세상은 너무도 다른 모습으로
다가서 있는데
사람들은 아직도
외투 깃을 세운 채 움츠리고 있습니다.

시름 가득한 얼굴로 나서지 마세요.
맑은 하늘을 한 번만 쳐다보면
마법처럼
얼굴의 찌푸린 주름살이 펴진답니다.

창을 닦아 보세요.
뿌옇게 흐려진 창 때문에
햇살의 눈부심도 느낄 수 없잖아요

마음의 창을
부드러운 미소로 닦아보세요
하얗게 쏟아져 내리는 햇살을
받아들일 준비가 되셨나요
그럼 이제 나서보세요
힘차게…….

또 다른 날

만월에
나는 달을 뜨러 간다.
양손엔
잠자리채 하나와
빈 통 하나를 들고
마법의 빗자루를 타고

들판을 가로질러
절벽을 지나면
바다가 있고
그곳엔 달이 있다.
바다에 묻은
달을 뜬다.

물길을 따라
산을 넘으면
강이 있고
그곳엔 조금 작은
달이 있다.
강에 묻은
달을 뜬다.

아직 해가 뜨지 않았다.

서둘러
키 큰 나무숲을 넘어
길을 따라 날면
웅덩이가 있고
그곳엔 더욱 작은
달이 있다.
웅덩이에 묻은
달을 뜬다.

집으로 가는 길엔
이름모를 풀들이
도손도손 자라
저마다 한 움큼의
이슬을 머금었고
그곳엔 아주 작은
달이 있다.
이슬 하나에 묻은
달을 뜬다.

결국엔 물만 가득하지만
돌아가도 아쉽지 않다.
집에는 네가 있고
네 눈에는
밤마다 달이 뜬다.

그 달은
내 마음에 뜨는
달보다도 아름답다
사랑하는 나의 여인아.

그녀는 울 줄 모른다

예전엔 많이도 소리 내어 울었을 텐데
더 이상 고개 숙여 울 줄 모른다.
자기 힘에 버거운 일을 겪을 때에도
굳은 얼굴이 더욱 경직될 뿐
그녀는 울 줄 모른다.
늦은 저녁.
모든 이가 숨어버리고
그녀도 동굴 같은 보금자리로 돌아갈 적에
마지막 남은 노을빛이 눈물겨워도
그녀는 울 줄 모른다.
차가운 어둠 속에서
식은 저녁을 먹어가며
때맞춰 우는 아이에게 젖을 물릴 적에,
정다운 웃음소리가 그리울진데
그녀는 참으로 울 줄 모른다.
말라빠진 그녀의 눈물샘에
불꽃이 피었는가.
그녀는 울 줄 모른다.

그러나, 나를 만나면서.

그녀는 웃을 줄 모른다

웃는 법을 잊어서 그런 건지
웃는 것이 창피해서 그런 건지
그녀는 소리 내어 웃지 않는다.
쓴 미소와
알 수 없는 눈웃음만이
그녀가 즐겁다는 내색이다.
우스개 소리나
엉뚱한 상상에서가 아니라,
싸움에서 이겼을 때
흥정에서 이익을 얻었을 때
잠깐 그런 표정을 짓는다.

그런데, 나를 만나면서.

진실

나만이 알고 있었다.
친구가 착하지 않다는 것을
그녀도 알까.
나만이 알고 있었다.
친구는 싸움하는 걸 좋아한다는 것을
그녀도 겪어보았을까

그녀가 소녀였을 때에
처음으로 내게 들려주었던
고운 웃음소리가
불 꺼진 방안을 날아다닌다.
난 이불 속에 머리를 묻고
두 귀를 막아보지만,
소녀의 웃음소리는
쉬지 않고
내 몸을 찔러댄다.

느낌

그녀가 있는 곳마다
내가 있었다.
우연처럼.
난 그녀와 함께 있었다.
그녀 모르게.
내가 있는 곳마다
그녀가 있었다.
우연인가.
그녀는 항상 숨어 있다.
내가 볼 수 없게.
그래도
난 알 수 있다.
그녀가 말없이 부르는
내 이름을 듣고.

그녀의 뒷모습

늠름한 태양의 거친 발걸음에 쫓겨
겁 많은 어둠의 손길에 이끌려
그녀가 간다.
오늘도 무사히 그 일을 하였나보다.
표정 벗은 얼굴빛이
내 가슴을 가른다.
그녀는
몹시도
날 아프게 한다.
이 화창한 날에도
난 맘껏 웃을 수 없다.

기다림

아주 맑은 물을 준비했지요.
그녀가 깨끗해질 수 있게요.
아주 향기로운 꽃도 준비했어요.
그녀가 미소 지을 수 있게요.
물론 아주 맛있는 음식도 준비했죠
그녀가 행복하게요.
자 이제 그녀를 기다립니다.
눈물이 나도 기다립니다.
마음이 아프고
어지러워도
그녀를 기다립니다.
못 오실 그녀를 기다립니다.

오늘 그대를 만나면

오늘 그대를 만나면
거리를 걸을 땐
손을 꼭 잡고 걸었으면
좋겠습니다.

손 안에 가득 전해오는
그대의 체온을
느끼고 싶습니다.

부끄러워할
이유가 있습니까
우리는 사랑하는
사람들입니다.

오늘 그대를 만나면
거리를 걸을 땐
그대가 팔짱을 꼭 꼈으면
좋겠습니다.

가슴에 가득 전해오는
그대의 호흡을
느끼고 싶습니다.

망설일
이유가 있습니까.
우리는 사랑하는
사람들입니다.

우리는 연인
이 사랑의 길을 가는
지상의 동행자입니다.

각인

나는 소녀를 보지 말아야 했다.
나는 정말 그녀를 몰라야 했다.
같은 세상에서라지만
서로 어긋나게 살아야 했다.
내가 병들게 된 이유는,
그 옛날
소녀가 내 앞에 나타났었기 때문이었고
다시
그녀가 내 앞에 나타났기 때문이다

그녀는 거침없이 허락 없이
내 몸을 통과해버리고
침묵으로 온기 없는 눈빛으로
날 시들게 했다.
그래서
시간은 정지하였고
심장에는 바람길이 났다.

회 상

언젠가 소녀가 여인이 되었을 때
나와 단둘이 만난 적이 있었다.
우연이었고
내 바램이었고
내 의지이기도 한
그 만남이
얼마나 벅찬 가슴 설레었는지
손끝에서 시작된 떨림이
온 몸으로 번져
나는 서 있는 것도 힘들었다.
그러나
아무 말 없이 시작되고 진행되었던
그 만남은
내 침묵으로 그녀의 침묵으로
쉽게 끝이 났다.

사랑초서

평생에 그 하나 손 안댄 죄를
죄지으려면 그대와 나눠야지
마른날 불벼락이
모진 천벌을 그대와 나눠야지
사랑은 귀한 능력
내겐 그 힘이 없다고
오늘도 허공에 낙서쓴다
오늘 다른 진실은 없다

소중한 사람아

내가 너무 소중히 여겨
만지기조차 아까웠던 사람아……!
이젠 너무 긴 세월이 지나
너의 모습이 허공에 아지랑이처럼
내 눈에 투영되어 이내 사라진다.
떠올리려고 애쓰면 나는 왠지 서러워진다.
나의 생명이었던 것이 바로 너였구나
이미 그것을 깨달아 뒤돌아보니
네가 있던 자리는 보이지 않고
지나가는 나그네를 잡고
우리의 슬픈 이야기를 들려 줄 뿐…….
아……!
이젠 볼 수조차 없이 사라져 버린
내 사람이었던 사람아……!
이다음 다음 생에 다시 만나면
우리 슬픈 여행으로 길을 떠나
돌아올 때는 행복으로 길을 찾아
가던 길 다시 돌아오자꾸나
다음 다음에는…….

비, 그리고 이별

비의 뒷모습이 은빛인 것을
그대 보낸 후에야 보았습니다.
비가 나를 타인으로 보지 않듯이
나 또한 그저 지나는 이거니 보지 못합니다.

항쟁하듯 비 쏟아지던 날
그대 서둘러 이별을 고하고
떨구고 간 그리움 몇 소절
후줄근 젖어 소식 전해 옵니다.

이유 없이
비가 우는 거 아니라는 것을
이별을 해본 뒤에 알았습니다.
지독히 모진 아픔은
세월 지날수록 팽창해져서
비 오는 밤이면 기어이 가슴에 자국을 냅니다

그대 꽃수레 위에 부서지던
하얀 햇발 같은

망초꽃 파르르
비에 젖어 울고 있을 산을 오릅니다.

사랑 그리움

사람과 사람이
범벅되어 부대끼는 사이에
내
마음에 넓게 터 잡아
자리 틀어 앉아있는 사랑하는 여인

울컥 솟는 그리움이 아닌
하얀 물보라 일으키며
밀려드는 파도처럼 쉬임없이
그리움을 놓고 갑니다

내 사랑입니다
그대는

눈동자 안에
점점이 새겨놓은
당신의 모습을
기다림으로 사랑은 영글었고

당신의 모습 가슴에 새겨 논…….

지워지지 않는 여인

시퍼렇게 멍든 상처 슬퍼 눈 저으면
다가와
내 무거운 어깨 감싸주던 여인
두려워하는 삶에
길을 열어주시고
오라…….
손짓하는 여인
내 사랑입니다
당신은

겨울
찬 이슬처럼
금시 얼어 영롱함이 진다해도
이제 슬프지 않습니다.
더위에 지친 영혼이
서있을 힘조차 없다 해도
이제 무서워하지 않읍니다
내 사랑하는 여인
그 당신이 있기에
내 그리움이 당신을 만났으니…….

내 인생의 반은 이별

가장 아름다운 이별은
멋진 몸짓으로 뒤 돌아
보지 않은 것 이란다

무슨 똥 같은 소리…….
그런 한번 먹은 사과
미련 없이 버리는 것이다

아름다운 이별이란 없다
이별은 그저 아플 뿐이다
메울 수 없는 구멍이다

이별은 그저 내 삶의
일부를 사정없이 먹어
버리는 좀 벌레

이별을 잊고자 몸부림치는
시간을 내 인생에서 빼면
겨우 반이나 남았을까

사랑하자
이별 말고······.
겨우 반 남은 우리인생
사랑만 하다 죽자

내 사랑은

가난이야 가난으로 다스릴 일이지만
미나리꽝에 살얼음 지는
내 어린 날 3만년의 추위
새벽닭 울어
어린 하늘의 외로움 속에도
가랑비는 내리고
또 사리꽃은 한 아름 흔들려오고
쑥 향기 함게 꾀꼬리
봄날 아지랑이 타고 어디론가 떠나선
누나의 치마폭만한 그리움만 남아
텅 빈 가슴에 고이는
목화송이 같은 눈물
그런 눈물로만 자라는
내 사랑은
내 사랑은.

노을처럼

주홍빛으로 번져 가는 하늘
만추의 해가 서산에 앉을 때
하늘을 붉게 물들이는 노을은
너의 모습 떠올리게 하네.

너의 고운 시선을 모으거니와
너의 여린 마음을 물들이려는
찬란한 주홍빛의 아지랑이 노을에
나의 가슴은 불같이 질투하고

보는 마음 짙게 물들이다
해가 서산으로 질 때면
표홀시 사라지는 노을처럼
나는 너에게 그런 존재이고 싶다.

세월

정원 초하루
한 살의 나이를 더 올려놓고
장밋빛 정열에 날들을 그리워
합니다.

고개 숙인 해바라기는
따스한 햇살 속에서
활짝 웃고
어둠이 오면 아무도 모르게
눈물만이 가슴 아파합니다.

그렇게 반복되는 나날은
속절없고
끝이 없는 한적한 산길은
걸어도 걸어도
뿌연 안개만 자욱할 뿐입니다.

오늘도
나는

그댈
그리워합니다.

박수가 끝나야

박수 소리가
파도처럼 멀어지고
달빛이 완전히 스러진 다음
붉은피톨이 푹 잠들고 난 후에야
나는 비로소 당신을 맞이할까 한다

감각이 끝나면서 추상이 솟아나고
추상이 싹트면서 미움이 묻어나고
미움이 돋아나면 사랑이 태어나고
화끈한 손바닥에 핏줄이 꿈틀대는

흰 피톨이 잔뜩
오르라들도록 좋아지는
시를 쓸 생각을 하지 않고
시에 대해 왈가왈부만 하는
시인의 귀싸대기를 후려치며
손톱 같은 그믐달이 사라지듯
맨 가슴 얼얼한 박수가 끝나야
나는 비로소 당신을 외면할까 한다

그리움에 별빛이 묻히다

오늘처럼 별빛이 눈물처럼 쏟아져
석양 대신 가을 모서리에 흩뿌려지는 날에는
어제도 내일도 떠올리지 말자

가쁜 숨을 내몰며 머리 위에 달빛을 매어달고
고개를 꺽어 뒷걸음치듯 달려갈 땐
기대도 후회도 기억하지 말자고 되뇌었지만

그대여
그럼에도 떠나가니 않은 그리움
그리움에 별빛이 묻히다.

꿈을 깨고 나서

꿈을 꾸었습니다
흐려진 시야 사이로
흘러내리는 마음 한 자락을 부여잡고
한없이
나락으로 떨어지는 꿈을 꾸었습니다

꿈을 깨고 났을 때
앞에 놓인 현실의 끈은
너무도 낯설고 힘에 겨웠습니다
잡을 용기가 나질 않았습니다

길어져만 가는 공백의 시간들 사이로
두려움의 그림자는
그늘처럼 내게 다가서고
그늘이 어둠이 되어 엄습해올 때
누군가에게 마음이라도 들킬까
어둠을 꼭 끌어안고 나올 수가 없었습니다

지나간 시간들을 추억하면 할수록

그리움의 무게는 커져만 갑니다
그리움이란
현실에 대한 두려움과
벗어나고자 하는 연약한 마음 한켠에
자리하고 있는
그 무엇인지도 모르겠습니다.
오늘이 지나면 다시
오늘을 그리워할 수 있을까…….

당신 앞에 서면

당신 앞에 서면 쓸쓸 해집니다
당신이 나를 가득 채우지 않아서가 아니라
당신이 내안에 가득한 때에도
역시 쓸쓸합니다.

당신을 두 손으로 꼬옥 안고 있다가
가만히 바라보면
내가 안고 있는 당신은
풀 꽃 한 다발입니다

당신이 내게 그늘을 지어주시어
그 안에 누워 있다가
가만히 바라보면
당신은 밀려가는 한 줄기 구름입니다.

당신의 사랑이 내게 더욱 흥건히 내려
내 몸이 젖을 대로 젖어 있다가
다시 바라보면
당신은 쓸쓸히 돌아가는 빈 하늘입니다.

역류

잠시만이라도 가만히 있기를 원한다.
물속에 머리를 넣었다 꺼냈다 하지만
어디서도 제대로 숨 쉴 수 없다.

물속에 들어가면 작동을 멈추어버리는
가슴 속에 부래
그래서 언제나 숨이 차다.

역류에 휩싸이며
꼴깍꼴깍 삼켜버린 흙탕물
폐 속 기포에 싸여가고
온몸을 공기의 기억을 잃어간다
숨 쉬고 싶다.

시간이 흐를수록

마냥 머물고만 싶어지는 이유는
뭘까
아득한 안식처를 찾아 헤매고
새로운 변화와 대상이
두려워지는 건……

나만의 울타리를 만들고
작은 정원에서 꽃을 가꾸며
작은 새가 날아들어도
움찔 놀라는
어리석은 나를 본다
울타리를 거둬야 하는데
낯설게 느껴지는 바람이 싫어
꼭꼭 문을 닫는다
누군가 노크하는 소리
지나가던 바람일까
아님
친구를 찾아 나선 작은 눈꽃송이 일까
마음을 활짝 열고

들판을 맘껏 뛰고 싶다.
아이처럼 뛰어놀고 싶다.

가장 아름다운 사랑

이 세상에서
가장 아름다운
사랑을 하고 싶습니다.

서로가 원하는 마음을 주고받으며
서로가 원하는 가슴을 열어 보이는
그런 아름다운 사랑을 하고 싶습니다.

아픔을 말하지 않아도
눈빛 하나만으로 알아주는 그런 사랑
바램을 말하지 않아도
행동 하나만으로 알아주는 그런 사랑
그런 아름다운 사랑을 하고 싶습니다.

말함에 부담을 지우지 않는 사랑,
말함에 의미를 부여하지 않는 사랑,
그런 아름답고 순수의 사랑을 하고 싶습니다.

곁에 있어주는 것만으로도

행복을 안고 살아가는 그런 사랑.
곁에 있음에 행복을 안겨주는 그런 사랑,
그런 아름다운 사랑을 하고 싶습니다.

목소리만 들어도 행복을 느끼고
보는 것만으로도 즐거움을 느끼며
살짝 스치는 그런 입맞춤 하나만으로

세상의 모든 행복을 다 안은 양
안면에 미소를 머금은 그런 사랑,
마음을 주며 힘찬 포옹을 하였을 때
세상사 시름 다 잊어비린 듯한 그런 사랑,
그런 아름다운 사랑을 하고 싶습니다.

그런 그대의
아름다운 마음을 안고 싶습니다.

미운 세상

많은 비가 내리는 지금
창가에 우구커니 서서

유리창에 손을 살며시 대
식어가는 님의 향기에 빠져
숨마저 쉬지 못한다.

허우적거림 속에서
그대향기가 달아날까봐
그저 바라만 보고 있을 뿐

맺지 못할 인연
스치게나 하지 말지

이 큰 슬픔 바다에
모두 담지도 못하고

그저 창가에 우두커니 서
애써 남의 향기만 찾아볼 뿐

살며시 빗방울 속에서
내 쓴 웃음만 살며시 맺혀진다.

삶이란 이런 것인가?

다음 세상에서는
결코 그 님을 만나지 않으리라

가슴이 너무 아파
맺힌 시퍼런 멍울이 너무 시퍼러워

이 생에 닿은 사랑
여기에서 추억으로 책갈피 속에
간직할 뿐

무제1

그 진한 빛깔들이
자욱마다 잦아들어
빈터에
울림만 남아
티끌을 재우나니

쉬고 쉬고 또 쉬어
밑바닥 다 들어났네.
가고 또 가면 되돌아오는 것을
돌이켜 비치는 곳마다
눈빛
텅 비어 오고 가네.

취할 수 없는 세상
잠이나 들까.
먼지보다 가벼운
내 무게 바칠 것 없어
싱거워 눈길 모으면

솔바람소리 뿐인걸.
내 목숨 오고 감이 한 조각구름이라.
가슴 저려 흐느낌은 이 무슨 병인가
갈대바람만 빈 골짜기를 메우고
자취 끊어진 생각 떨어져 흐르네.

포획 (捕獲) 되다

십자 교차로 한복판.
큰 눈을 부라리는 자동차들이
사방(四方)을 차지했다.

'왜 이곳에 내가
글쎄…… 글쎄…….
잠시 눈을 한번 끔쩍 했을 뿐인데…….'

사람들 사이를 걷고 있었다.
회색 길바닥을 바라보며
흙과 풀과 꽃과 나비를
살짝 그리워했을 뿐……
아쭙잖게 괸 눈물이
우스워
키 큰 건물과 낡은 집 천장 같은 하늘을
흘겨보았을 뿐……

난 아무 말 없이
걷고 있었다. 분명히.

십자 교차로 한복판.
갈 길 없어져 웅크렸다.
그리고는
눈을 감았다.
꼬옥 눈을 감았다.
그래도 기적도 요행도 없다.

숨통만이 오그라든다.
서서히 서서히.
으르렁 으르렁.
자동차 소리에……

나 서있는 곳

길은 하나뿐이려니
걸어왔다
세월 손잡고

고개 넘고
벌판 가로질러
삶을 메고 서둘러 왔다

침침해지는 눈
안경은 더 무거워지고
검정 물감으로
은빛머리 감추이며

푸른 멍 가실 날 없이
가슴에 한이 내리고
세월 주름이
손등에 깊이 패여 있다

뒤돌아, 돌아가고 싶은

기다림
지워진 발자욱 속에
묻어둔 그리움들

젖은 삶을 말리려
겨울 볕에 나서본다.

윷판 위에 자빠져

난곡 동네 어귀
해진 거적 위에
내동댕이쳐진 김씨의 윷가락
얼씨구?
남들은 윷 모로
잘도 자빠지는데
쌍말을 타고
넓은 집으로 이사도 잘 가는데
매번 도 개로 엎어져
말판으로 오르내리는 달동네
마른 개 등에도 못 탄 채
고삐만 들고 서성인다
한 자도 안 되는 꿈은
윷가락에 가위눌림 당해
자꾸 후렴으로 뱉는 한숨이 되었다
어쩌랴
지름길로 갈 자격이 없어
팔방을 돌아야 하는
내 앞에 놓인 골목길인 걸

오늘도
겨우 돼지 말 하나
개발제한구역 안에 묶어 놓고
그래도
하늘을 우러러
사지를 던져 봐야지
내일쯤 윷 모로 자빠질지.
시간이 흐를수록

다산초당

갈대꽃이 가랑잎에 스치고 있다.
겹동백 붉게 저무는 산기슭
철쭉꽃 흩날리는 오솔길로
사월의 차향기가 불고 있다.
봄밤 깊이 바다는
꿈을 뿌리고 혼자 울었다.

제 모습

참 오묘합니다.
이 몸뚱이의 어떤 슬픔으로도 메꿀 수 없는
그대와 나의 거리감
어떤 바다의 파도인들 이 외로움을 채우겠습니까?
어부는 어망을 바다에 빠뜨리지만 그 손엔 늘
빈 물결뿐입니다.
아무렇게나 처박힌 돌맹이도 모두 제 그림자를
갖고 있습니다.
산은 산 그대로
섬은 섬 그대로
우리는 그대로를 사랑할 줄 압니다.
저마다의 모습으로 설 때 아름다움은 살아납니다.

일상의 흐름 속에서

일상의 흐름 속에서도
나는 그대와 함께한다.

그대가
비 오는 거리에서
홀로 비에 젖어 생각에 잠길 때도

가끔씩
슬며시 지워져가듯 지는
저녁노을을 보며
북받치는 감정으로
눈가에 이슬을 머금을 때도

그대가
즐거움에 흠뻑 빠져
일상의 모든 시름도 잊은 채
얼굴가득 행복한 웃음을 담을 때도

때론

힘겨운 삶에 지쳐 죽음조차 잊고
그저 막연한 슬픔의
나락 끝에서 눈물지을 때도

그대
아주 먼 기억 저편에서
나란 존재를 까맣게 잊는다 해도

설사 그런다 해도
나는
일상의 흐름 속에서
그대와 함께한다.

조건 없는 이유로
오직 그대만을 영원히 사랑하며
일상의 흐름 속에서
그대가 그대이지 않을 때까지…….

비행 중······.

믿기 싫은 일이지만
신이 사람의 어깨를 누르고 있다.
그렇기에 날 수 없다.
길은 하늘로 이어져 있는데
새들이 같이 가자해도
웃을 수밖에······.
따지고 보면
자유롭고 싶은 것은
날고 싶기 때문이고
날고 싶어 하는 것은
날개가 없어 그런 것일 뿐
가만히 있으면
우주를 난다.
늙으신 어머니 같은 지구 위에서
편안하게
긴 우주 공간을 떠 흐른다.

거꾸로 보는 삶

힘을 내어야지요
힘을 내어야지요.
땅에 뿌리를 내렸으니
힘을 내어야지요.
작아져
작아져
내 모양이 없어져도
마음이 행복할 때까지
힘을 내어야지요
뿌렸으니 거두겠습니다.
힘을 내겠습니다.
거꾸로 보는 삶이 뒤집고 싶을지라도…….

비황골의 아침
ⓒ덕진 석혜운 Printed in Seoul
초판발행 2014년 8월 5일
지은이 덕진 스님
발행인 박찬우
편집인 우현
디자인 박은후, 강주영
펴낸곳 파랑새미디어
등록번호 제313-2006-000085호
주소 서울특별시 마포구 서교동 357-1서교프라자 318
전화 02-333-8311 팩스 02-333-8326
메일 thebbm@korea.com

가격 10,000원
ISBN 979-11-5721-003-9 03810